멋지고
자신 있게

말 잘하는 법

The original title: SLIPA SNACKET
©Text: Ellinor Ledger, 2022
©Illustrations: Mia Nilsson, 2022
Original publisher: Bokförlaget Opal AB, Stockholm
All rights reserved.

Korean translation copyright ©2023 by BOOKMENTOR PUBLISHING CO., LTD.
Korean translation rights arranged with OPAL AGENCY / BOKFÖRLAGET OPAL
through EYA Co.,Ltd

이 책의 한국어판 저작권은 EYA Co.,Ltd를 통해 OPAL AGENCY / BOKFÖRLAGET OPAL과 독점 계약한
주식회사 도서출판 북멘토가 소유합니다. 저작권법에 의하여 한국 내에서 보호를 받는 저작물이므로
무단 전재 및 복제를 금합니다.

발표, 설득, 대화를
어려워하는 어린이를 위한
말하기 비법 노트

멋지고 자신 있게 말 잘하는 법

엘리너 레저 글
미아 닐손 그림
김아영 옮김

북멘토

- 말하기가 어렵다고요? **7**
- 말하기에도 기술이 필요해요 **10**
- 아리스토텔레스와 말하기 기술 **15**
- 발표 잘하는 법 **23**
- 말 잘하게 하는 세 가지 지혜의 말 **35**

- 발표 내용을 어떻게 외울까요? 41
- 평가 두려워하지 않기 47
- 몸짓 언어 이해하기 55
- 나도 이제 발표 왕! 65
- 쉿, 말하기 비법 노트 요약 66
- 성공적인 말하기를 위한 열쇳말 69

말하기가 어렵다고요?

무엇이 여러분을 겁먹게 할까요? 다리를 벌벌 떨게 만들 정도로 무서운 게 뭔가요? 제가 한번 맞춰 볼게요. 어두운 것? 비좁은 엘리베이터? 미끄러지듯 움직이는 독사? 다리가 기다란 거미?

다시 생각해 봐요!

당연히 남 앞에서 말하기지요! 어휴, 생각만 해도 온몸이 덜덜 떨려요.

그런데 말이에요,

다른 사람 앞에서 말해야 하는 그 순간, 뱃속을 묵직하게 누르는 두려움을 풀 수 있는 해결책이 있다면 어떨까요? 식은땀으로 홍수가 난 손이 벌벌 떨리는 바람에, 들고 있던 대본에서 말할 내용이 후두둑 떨어질 것 같은 바로 그 순간 위기에서 날 구해 줄 구명줄이 있다고 상상해 보세요.
에프비아이(FBI)와 시아이에이(CIA)가 온 힘을 다해서 숨기려고 하는 비밀이 있다고 생각해 보세요. 무슨 비밀이냐고요? 바로 이것이랍니다.

바로 여러분이 남들 앞에서 말을 잘할 수 있다는 거예요.
어렵게 보이지만 뭐 별거 없어요.
사실 누워서 떡 먹기만큼 쉽답니다!

안심하세요. 말하기와 발표에 대한 두려움을 평생토록 영영 안고 살아야 하는 운명을 타고난 사람은 없거든요. 하지만 만약 여러분이 다른 사람 앞에 서서 말해야 할 때, 머릿속이 새하얘지면서 기절하기 직전인 상태에 놓인다면 이 책이 큰 도움을 줄 거예요.

지금 여러분이 들고 있는 바로 이 책으로 말하자면, 전문적으로 연설하는 방법을 담은 비법서랍니다. 발표 전문가는 순식간에 불안감을 잠재우는 법을 알고 있어요. 여러분도 말하기 실력을 키운다면 무대 공포증과 말 더듬는 증상으로 고생했던 옛일이 까마득하게 느껴질 거예요.

다른 사람 앞에서 발표하는 일이 그리 어렵지 않다는 느낌이 들기 시작했나요? 다른 사람 앞에서 말하는 일이 멋있다는 생각이 들지 않나요? 그렇다면 여러분은 발표 전문가가 되는 길에 벌써 한 발을 내디딘 거예요.

함께해요!

이미 말을 잘하는 사람도 말하기 기술을 더 나아지게 할 여지는 있어요. 말을 더 잘하고 싶은 사람뿐만 아니라 경험이 풍부한 말하기의 달인도 이 책을 통해 확실한 도움을 얻을 수 있을 거예요.

자, 그럼 본격적으로 소개할게요.
내 생각이나 감정을 다른 사람 앞에서 명료하고
아름답게 말하는 방법에 대해서요.

말하기에도
기술이 필요해요

말을 잘한다는 것은 간단히 말해서, 멋지게 떠들어 대는 거랍니다! 하지만 대체 왜 멋지게 얘기를 해야 할까요? 다양한 말하기 전략을 섞어서 구사하는 일은 언제 가장 중요할까요? 말하기의 정체를 좀 더 가까이 들여다보도록 해요.

말하기는 **이러쿵 저러쿵 그러쿵**에 대한 것이랍니다. 수다, 이야기, 연설, 지껄이기…… 뭐든 원하는 대로 불러도 좋아요. 떠들기를 화려하게 치장한 셈이거든요.

그럼 많은 사람 앞에서 어떻게 말을 하면 될까요? 도움이나 호의를 베풀어 달라고 어떻게 요청할 수 있을까요? 나이가 더 많은 친구, 혹은 어른과 이야기할 때는 어떻게 해야 할까요? 주말에 먹을 간식을 이틀 정도 앞당겨서 먹기 위해 어른들을 설득하려면 어떻게 하면 될까요?

**말하기 요령을 터득해 보세요!
설득하는 말하기 기술을요.**

말하기는 현대적인 마법이자 사교적 주문이에요. 말 잘하기 비법을 몇 개만 숨겨 두고 써먹으면 양에게 양털 옷을 팔아넘기는 일도 시간문제랍니다!

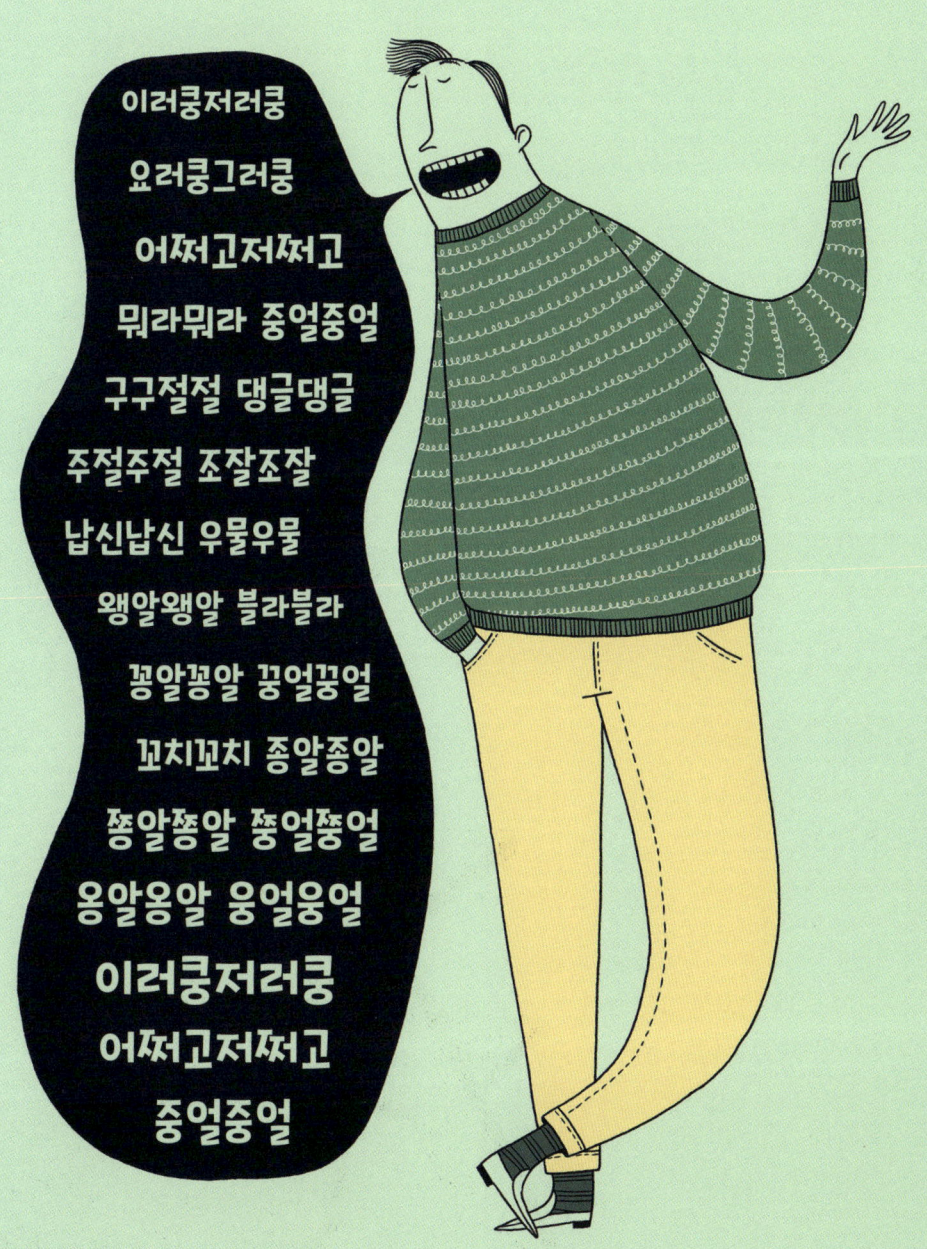

학교에서 무슨 일이 있었는지 부모님께 이야기할 때 혹은 친구들과 주말에 있었던 끝내주는 일에 대해 이야기할 때, 부모님이나 친구들이 내 말을 흥미진진하게 들어 주길 바라지 않나요?

**내 안의 수다쟁이가
무의식적으로 나서는 순간이지요.**

말하기의 기술을 아느냐 모르냐가 천지 차이를 만들어 낸답니다! 내 입에서 단어 하나가 나올 때마다 많은 사람의 관심이 쏠릴 거예요. 새하얀 이를 뽐내면서 기쁨에 찬 미소를 지을 수 있을 거예요. 더는 말하기에 불안감을 느끼면서 잠을 설칠 일도 없을 거고요. 모든 게 아주 자연스럽게 느껴질 거랍니다.

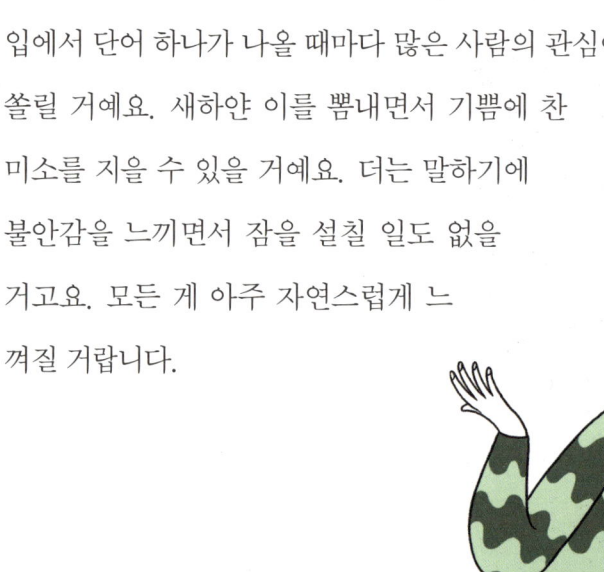

지금부터는 어떻게 하면 말을 가장 효과적으로 잘할 수 있는지 알아볼 거예요! 전부 다 기억하지 못하더라도 걱정할 필요 없어요. 성공적인 말하기 경험을 쌓는 데 도움을 줄 모든 말하기 비법을 책의 맨 뒤에서 다시 정리해 살펴볼 테니까요.

그럼 지금부터 맹훈련에 돌입해 볼까요!

아리스토텔레스와 말하기 기술

말하기가 왜 중요한지 알았으니, 말 잘하는 법을 언제부터 연구했는지 살펴볼게요. 어느 날 아침, 이마를 잔뜩 찌푸린 채 잠에서 깨어서는

**엄마, 이제 알겠어요!
우린 더 멋지고 효과적으로 얘기를 해야 해요!
설득 기법에 숙달해야 한다고요!**

하고 외친 사람은 대체 누구였을까요?

말 잘하는 기술을 맨 처음 생각해 낸 사람이 누구인지는 확실히 알 수 없어요. 역사가 무척 길고 오래되었기 때문이지요. 하지만 아리스토텔레스의 이름이 자주 거론되곤 한답니다.

아리스토텔레스가 누구인지 알고 있나요? 멋진 흰 수염을 기르고 로브(아래위가 하나로 붙은 길고 헐렁한 겉옷)를 걸친 그리스 철학자가 떠오르나요? 아리스토텔레스는 기원전 384년에서 322년 사이에 살았던 것으로 추정돼요. 쉽게 말하자면 아주 먼 옛날 사람이지요.

아리스토텔레스는 세계에서 가장 위대한 사상가 중 한 사람으로, 죽은 이후에 어마어마하게 유명해졌답니다. 알렉산더 대왕의 스승이었을 뿐만 아니라 아테네에 리시움이라는 학교를 직접 세우기도 했어요.

아리스토텔레스와의 인터뷰

진행자 : 짧게 자기소개를 부탁드려도 될까요?

아리스토텔레스 : 저는 아리스토텔레스라고 합니다. 그리스 출신이고 기원전 384년에 태어났지요.

진행자 : '말하기의 기술(수사학)' 하면 아리스토텔레스를 떠올리는 이유가 뭐라고 생각하시나요?

아리스토텔레스 : 글쎄요. 저는 자연 과학, 수학, 언어학에 관한 여러 책과 글을 썼답니다. 그 밖에도 다양한 분야에 대해 글을 남겼어요. 그중 하나가 바로 말하기의 기술을 다룬 수사학입니다. 열광적인 지지자들의 책장에는 저의 책이 항상 꽂혀 있지요!

진행자 : 그런데 사실 말하기의 기술이라는 게 책을 집필하기 전에도 존재했었잖아요?

아리스토텔레스 : 제 수염 어떤가요? 막 손질을 했는데 말이지요.

진행자 : 아리스토텔레스 씨, 질문에 대해 답을 해 주실 수 있을까요?

아리스토텔레스 : 안타깝지만 제가 이만 가 봐야 할 것 같네요. 할 일이 많아서 말이에요! 책도 써야 하고, 젊은 학생들도 가르쳐야 하고, 철학적으로 사유해야 할 삶의 질문들도 있고요.

맞아요. 사실 아리스토텔레스가 책을 쓰기 전에도 말 잘하는 법을 연구하는 학문이 있었답니다. 하지만 아리스토텔레스의 책은 역사적으로 가장 오래된 말하기 교재예요. 그리고 확실한 사실이 하나 있어요.

말 잘하는 기술이 그리스에서 큰 인기를 얻었다는 점이에요.

사실 말하기 기술(수사학) 이론은 시칠리아에서 기원했어요. 시칠리아 출신의 철학자 고르기아스(기원전 485년~기원전 376년)는 말 잘하기 기술이 엄청난 잠재력이 있는 학문이라고 생각했지요. 고르기아스는 자신이 발견한 사실을 동료 철학자들과 나누기 위해 그리스로 향했어요.

민주주의가 싹을 틔운 곳이기도 한 그리스에는 이런 원칙이 있었지요.

한 사람당 한 표.

다시 말해 시민(당시에는 노예가 아닌 성인 남자만 시민으로 인정받았어요)이라면 민회에 참석할 수 있었다는 뜻이에요. 민회는 고대 그리스 도시 국가에서 시민들이 모여 정기적으로 열었던 회의로, 오늘날 시민이 뽑은 대표들이 모여 나랏일을 의논하는 국회 같은 곳이에요. 민회에서는 국가를 통치하는 방법부터 한 해의 추수에 이르는 모든 사안에 관해 여러 날에 걸쳐 해가 저물 때까지 이야기를 나누고 투표를 통해 중요한 정책을 결정했어요.

그런데 이 민회에서는 모두가 사람들 앞에서 동료의 도움 없이 직접 연설을 해야 했어요. 이웃의 양을 훔쳤다는 혐의가 제기된다면 피고는 자신이 무고하다는 사실을 직접 설득해야 했지요.

당시에는 요즘처럼 나를 대신해서 변호해 줄 변호사가 없었어요. 그래서 다른 사람 앞에서 말하는 방법, 무엇보다도 다른 사람의 신뢰와 공감을 얻는 말하기 방법을 아는 게 무척 중요했지요. 이러한 이유로 설득하는 말하기 기술이 등장하게 되었답니다.

**말하기 기술(수사학)은 아주 오래된 학문이지만
요즘도 여전히 중요하고 실용적인 지식 이론이자 기술이에요.
오히려 현대에 와서 더욱 주목받으며
새롭게 변화하고 있지요.**

옛날부터 말 잘하는 기술을 직업으로 삼은 사람들이 있었어요. 이들은 다른 사람들을 위해 연설문을 작성해 주고 생활을 꾸려 나갔지요. 진짜 '말하기 사업'이라고 할 수 있겠네요.

이 시기 그리스에는 거리를 돌아다니면서 사람들에게 연설문을 작성해 주던 리시아스라는 이름의 남자가 있었어요. 리시아스는 상황에 따라 능숙하고 설득력 있게 말하는 재주가 좋기로 유명했는데, 그의 말솜씨가 워낙 뛰어나서 나중에는 웅변술 교육에 활용되기도 했답니다.

로마에서도 설득하는 말하기 기술이 꽃을 피웠어요. 로마인 중 세계적으로 이름을 날린 웅변술의 달인으로는 정치가이자 학자, 작가인 마르쿠스 툴리우스 키케로(기원전 106년~기원전 43년)가 있답니다.

**이탈리아·그리스식 이름이 좀 길고 어렵지요?
이탈리아와 그리스는 이처럼 뛰어나고 훌륭한
말하기의 거장들로 늘 붐볐답니다!**

그런데 나중엔 어떻게 됐냐고요? 말하기 기술(수사학)은 고대 그리스에서 끝을 맞이하기는커녕, 전 세계로 퍼져 나갔답니다. 중세에 이를 때까지 수사학의 인기는 점점 더 높아만 갔지요. 1800년대까지는 학교에서 의무적으로 가르쳐야 하는 교과목 중 하나이기도 했답니다.

오늘날엔 어떨까요? 여전히 학교에서 말하기에 대해 가르치고 있답니다. 그리고 누구에게나 한 번쯤은 남들 앞에서 말을 해야 할 순간이 찾아오기 마련이고요.

> 일상생활 속에서도 말하기의 능력과 기술을 한껏 발휘해야 하는 상황이 넘쳐나요.

발표 잘하는 법

말하기에 의지해야 하는 경우는 어마어마하게 많답니다. 이런 모든 상황에 성공적으로 대처하기 위한 열쇠는 중요한 몇몇 질문에 대답하는 거랍니다. 이런 중요한 질문은 시베리아 호랑이보다도 더 드물긴 하지만, 그만큼 큰 가치가 있거든요!

다음 질문에 대답하는 것으로 시작해 볼까요?

나와 이야기하는 상대가 **누구**인가요?
내 발표에 귀를 기울일 청중은 **어떤 사람들**인가요?
내 역할은 무엇인가요?

하지만 이것보다도 먼저 스스로에게 물어야 하는 질문이 있답니다.

왜 발표를 하나요?

발표의 목적은 무엇인지, 무슨 말을 하고 싶은지 곰곰이 생각해 보세요. 과자를 달라고 설득할 건가요? 아니면 세상에서 가장 위험한 거미에 대해 설명할 건가요?

학교에서 우리는 정보 전달을 목적으로 발표를 자주 해요. 어떤 것에 대한 정보를 제공한다는 것은, 같은 반 친구들에게 무언가 새로운 것을 알려 준다는 거예요. 잠깐 선생님 역할을 하는 셈이지요. 하지만 이것 말고도 발표 종류는 더 많답니다. '왜' 발표를 하는지가 결정적으로 중요해요. 이제부터는 널리 알려진 여러 가지 발표 종류에 대해 살펴볼 거예요. 이 발표 종류들은 말하기 분야의 아이돌이라고 할 수 있지요.

아차!
이런 발표 종류는 무시무시하게 느껴지는 일상 속 말하기에도 적용할 수 있다는 점을 기억하세요!

정보 제공을 위한 발표

무언가에 대한 정보를 전달하고 설명하는 말하기예요. 정보를 전달하는 발표는 꽤 자주 할 거예요. 비교적 편안하게 할 수 있는 발표이지요.

주장을 위한 발표

주장을 위한 발표는 좀 더 어렵게 느껴질 수 있어요. 무엇이 좋거나 나쁜지 친구들에게 설득해야 하거든요. 바닐라 아이스크림에 찍어 먹는 감자튀김이나, 초콜릿을 묻힌 팝콘은 그다지 인기 없는 조합이지만 이 간식들을 어떻게 하면 매력적으로 보이게 설득할 수 있을까요?

칭찬을 위한 발표

칭찬하기 위한 말하기에서는 누군가가 혹은 무언가가 얼마나 좋은지에 대해 말해야 한답니다. 더 나아가서는 그것이 왜 그렇게 끝내주는지 근거도 제시해야 해요.

축일을 주제로 한 발표

이런 발표를 할 일은 거의 없다고 해도 될 정도로 드물어요. 옷장 깊숙이 처박아 둔 옷을 꺼내 입는 일처럼 말이에요. 특별한 날이나 어떤 전통에 대해 이야기하는 경우인데, 쉽게 말해 스웨덴의 특정 국경일이 제정된 이유가 무엇인지 말하는 거예요. 혹은 안락하게 보내는 금요일 저녁(fredagsmys)*이라든가 주말에 간식을 먹는(lördagsgodis)** 전통에 대해서 말하는 것도 여기에 해당한답니다!

***프레닥스뮈스**(fredagsmys) : '편안한 금요일'이라는 뜻으로, 한 주를 마무리하며 주말이 시작되기 전 금요일 밤에 가족과 친구들이 모여 음식을 먹으며 함께 즐거운 시간을 보내는 문화예요.
***뢰르닥스고디스**(lördagsgodis) : 토요일에 사탕과 같은 단 간식을 먹는 스웨덴 전통을 말해요.

이번에는 다른 주제에 대해 생각해 봐요.
무엇에 대해 발표할 건가요?

호랑이를 보고 표범이라고 하지 않듯, 발표를 다른 무언가라고 생각하면서 스스로를 속일 필요는 없답니다. 자, 그럼 영화감독이 들었을 때 세상을 깜짝 놀라게 할 영화 소재로 삼을 만한 멋진 발표문을 쓰기에 앞서, 다음 몇 가지에 대해서 생각해 보도록 해요.

청중에게 무엇을 **알려 주고** 싶은가요?
청중이 무엇을 **느꼈으면** 하나요?
청중이 무엇을 **했으면** 하나요?

연습해 봅시다!

멸종 위기종에 대해 이야기한다고 가정해 볼까요? 청중은 얼마나 많은 종이 멸종 위기에 처했는지, 그렇게 된 이유는 무엇이고 위기종을 구하기 위해서 어떤 조치를 할 수 있는지에 대해 **알 수 있어야** 해요. 청중은 절박함과 연민을 **느끼고** 이런 비극적인 현실을 파악해야 하지요!
여러분의 발표를 들은 청중은 무언가 **조치를 해야** 한다는 자극을 받고, 자신의 습관을 돌아보고, 동물을 구하고자 하는 생각을 하는 데 그치지 않고 무엇보다도 여러분이 발표한 내용을 머릿속에 담아 두어야 해요.

만반의 준비를 해요!

 말할 때 우리가 좌우할 수 있는 게 있는가 하면, 그럴 수 없는 것도 있기 마련이에요. 그래서 준비를 철저히 해야 해요. 만약 점심시간 직전에 말해야 하는 상황이라면 어떨까요? 아마 듣는 사람들이 어마어마하게 허기를 느껴서 집중력이 지우개 크기만큼 작아질 거예요. 이런 상황에서 청중의 관심을 사로잡으려면 적어도 뛰어난 말솜씨를 갖춰야 할 거예요.

발표는 어떻게 할 생각인가요? 핵심 단어만 딱딱 잘라서 말할 건가요? 평소보다 더 또렷하고 큰 목소리로 말해 보면 어떨까요? 말하는 속도를 조절하는 방법도 있어요. 발표하는 내용 중에서 특히 중요한 부분이 있다면 조금 천천히 말함으로써 강조하는 효과를 낼 수 있거든요. 그렇다면 목소리 크기는 어느 정도면 될까요?

뭔가 엄청나게

큰 소리를 내는

것에 대해 말을 한다면,

말할 때…

큰 목소리

로 말하는 게 좋을 거예요!

이런 말하기 기법은 무궁무진하게 가다듬고 활용할 수 있답니다! 다양한 방법으로 시도해 보세요. 이를테면 은유법, 반복하기, 번호 매기기, 비교법, 어구 반복 등이 있어요. 예를 들어 살펴볼까요?

비교법은 크기 혹은 중요도에 따라 여러 대상을 순서대로 정렬해서 말하는 것을 뜻해요.

오두막, 저택, 성.

어구 반복이란 문장 맨 첫 부분을 되풀이하는 방법이에요. 간단히 말해 같은 문장을 반복하는 거예요. 정말 간단하지요?!

마틴 루서 킹의 연설 〈나에게는 꿈이 있습니다(I have a dream)〉를 들어 본 적 있나요? 이 연설은 어구 반복을 자주 사용하고 있어요. 발표할 때 기회가 된다면 이러한 방법 중 하나를 사용해 보면 어떨까요?

> 나에게는 꿈이 있습니다.

> 나에게는 꿈이 있습니다.

> 나에게는 꿈이 있습니다.

반복해서 연습해요!

두 개의 방이 있다고 상상해 봐요. 한쪽 방에는 잘 차려입은 정치인들이 있고, 다른 방에는 꾸벅꾸벅 졸고 있는 10대들이 있어요. 이들을 대상으로 여러분이 발표를 한다고 생각해 봐요.

두 방에서 발표가 똑같이 이뤄질까요? 그럴 수도 있고, 어쩌면 아닐 수도 있어요. 정치인들을 앞에 두고 '안녕들 하신가요? 잘 지내요?' 하고 운을 뗀다면 청중은 손목시계를 흘끔거리며 앞에서 언제까지 떠들 셈인지 생각하게 될지도 몰라요.

반면 꾸벅꾸벅 졸고 있는 청중 앞에 서서 '안녕들 하신가요? 잘 지내요?' 하고 편안한 스타일로 운을 뗀다면, 분명 여러분에게 우호적인 분위기가 만들어질 거예요.

★ 말하기 비법 노트
상황에 맞추기

앞서 살펴보았던 리시아스라는 사람을 떠올려 보세요. 리시아스는 상황에 맞는 연설을 하는 재주가 있었다고 했지요. 다음과 같은 아주 중요한 질문을 항상 떠올리세요.
무엇을, 왜, 누구 앞에서 이야기할 것이며, 어떤 **역할**을 하게 되나요?

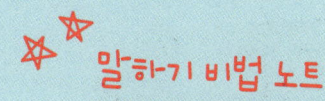

발표 대본
꼼꼼히 준비하기

표현을 신중하게 고르고 똑 부러지는 문장을 구성하는 데 시간을 충분히 들이세요. 발표 대본이 매끄러울수록 성공적으로 발표할 확률도 높아지거든요. 대본이 엉성하면 말하는 내용에 자신이 없어지고, 아무리 말을 훌륭하게 하더라도 발표에 실패할 확률이 높아져요. 자랑스럽게 내세울 수 있도록 대본을 꼼꼼하게 쓰세요. 꼼꼼한 대본은 발표 불안을 물리칠 수 있는 특효약이기도 하니까요.

말 잘하게 하는
세 가지 지혜의 말

말을 할 때 완전히 그럴싸한 '척'을 하는 것이 좋아요! 그렇다고 거짓말의 장인이 되라는 건 아니에요.

말하기는 신뢰를 얻어 내는 게 관건이에요.

무언가 주장하는 내용의 연설을 할 거라면, 의견을 표출하는 것에 그치지 않고 내 주장이 옳다는 것을 청중에게 설득해야 해요. 그러니까 그 분야에 있어 전문가인 척해야만 하는 것이지요. 하루 동안 내가 일일 전문가가 되는 셈이죠! 말하는 내용에 대해 발표자가 잘 알고 있다고 청중이 생각하는 한, 의기양양하게 발표를 마칠 수 있답니다.

그런데 이렇게 하려면 어떻게 해야 할까요? 사실 아리스토텔레스가 이미 이러한 점에 대해서도 생각을 해 두었답니다. 아리스토텔레스에 따르면, 전문적인 이야기꾼이 무슨 일이 있어도 절대 잊지 않는 세 가지가 있다고 했어요. 그 세 가지 지혜의 말은 다음과 같답니다.

**에토스, 로고스, 파토스 =
신빙성, 사실, 감정**

말하기를 하나의 커다란 솥이라고 상상해 보세요. 에토스, 로고스, 파토스는 훌륭한 연설을 만들기 위해 반드시 넣어야 하는 세 가지 필수 재료인 셈이에요. 하나씩 살펴볼까요?

채소(에토스) 말하는 내용에 대해 내가 잘 알고 있다는 것을 청중이 믿게 만들 수 있는 모든 것을 집어넣으세요. 내가 그 분야의 진정한 덕후라고 믿을 수 있도록이요. 내가 그 분야 전문가가 아니라면, 다른 전문가를 참조하면 돼요. 승마에 대해 발표한다면 스웨덴의 유명한 승마 선수 말린 바뤼아드가 승마에 대해 언급한 내용을 인용해 보세요. 아니면 "많은 연구자에 따르면……"이라는 문구를 사용해도 된답니다. 하지만 이 경우에는 출처를 꼭 밝혀야 해요.

고기(로고스) 이제 살을 좀 붙여 볼까요! 지금부터는 참조할 수 있는 사실, 수치, 통계가 있다는 사실을 보여 줄 차례예요. "용 한 마리는 일 년에 약 50번 불꽃을 내뿜는다."라고 구체적으로 설명하는 것이, "용 한 마리는 일 년에 불꽃을 수없이 내뿜는다."라고 말하는 것보다 훨씬 설득력이 있어요.

육수(파토스) 이번에는 청중을 감정적으로 사로잡아 볼까요? 파토스는 발표에 간을 더해 주는 요소예요. 감정을 자극하고 그림을 그려 내는 것이지요. 청중이 상상하고 연상할 수 있는 무언가를 언급해 보세요. 여러분이 말하는 내용과 연관시킬 수 있는 것을 떠올리게끔 하면 청중의 호기심을 계속 유도할 수 있답니다.

이 세 가지 지혜의 말은 모두 고르게 중요하고, 셋을 합치면 무적이에요. 또한 비유, 즉 은유와 직유를 사용하면 이 세 가지 요소를 간단하고 명확하면서도 강렬하게 전달할 수 있답니다.

에토스는 주의를 사로잡는 데 사용할 수 있어요.
로고스는 어려운 사실을 단순화하는 데 사용할 수 있어요.
파토스는 감정을 움직이게 하는 데 사용할 수 있어요.

'은유'는 일종의 다른 말로 바꾸어 표현하기라고 할 수 있답니다. 은유는 사물의 상태나 움직임을 암시적으로 나타내는 표현을 말하는데, 예를 들자면 '눈은 영혼의 창'이라는 표현 같은 거예요. 반면 '직유'는 비슷한 성질이나 모양을 가진 두 사물을 '같이', '처럼', '듯이'와 같은 연결어로 결합해서 직접 비유하는 표현이에요. '황소처럼 강하다.', '부엉이처럼 현명하다.' 같이요. '콧물처럼 녹색이다.' 같은 표현도 있겠네요!

무엇이 효과적일까요?

아래쪽에 말풍선 두 개가 있어요. 첫 번째 말풍선은 파토스, 즉 들끓는 감정이나 비유가 담겨 있답니다. 그야말로 폭풍 같지요! 두 번째 말풍선은 감정과는 동떨어진, 사실만을 담고 있어요. 어떤 것이 가장 효과적이라고 생각하나요?

> 여러분은 무엇이든 될 수 있어요!
> 이 세상은 마치 굶주린 짐승처럼 헐떡이고 있지만,
> 그럼에도 매혹적이지요. 그 단어들! 아름다운 울림과
> 부드러운 멜로디로 우리 모두에게 기다림의
> 베일을 드리워요.

> 저는 어렸을 때 학교에서 성장에 대해
> 많은 이야기를 했어요. 우리는 무엇이든 될 수 있었지요.
> 그게 얼마나 매력적이었는지 똑똑히 기억합니다.
> 우리는 모두 기대감에 가득 차 있었어요.

두 말풍선이 하려는 말은 사실 같은 내용이에요. 하지만 전달하는 방식이 완전히 딴판이지요. 여러분이라면 어떤 방식을 택할 것 같나요?

말하기 비법 노트

무대 장악하기

다른 사람이 나를 믿게 만들려면 나 자신에 대한 믿음을 먼저 가져야만 해요. 수줍음을 탄다면 힘들 수도 있어요. 하지만 발표 전문가라면 청중의 주목을 즐길 수 있답니다. 도그 어질리티(강아지 스포츠)에 대한 발표문을 써 본 적이 있다면, 그 주제에 관해서는 이미 약간의 전문 지식을 가지고 있는 셈이에요. 스스로를 칭찬해 주세요. 정통하다는 소리를 듣기 위해서 모든 것을 다 알아야 하는 건 아니란 걸 기억하세요.

무대를 장악해 보세요! 그러면 청중도 내가 하는 말을 믿고, 말하는 내용에 대해 더 알고 싶어 할 테니까요. 자신감을 박박 긁어모아 에토스를 만들어 보세요. 분위기를 장악하되 겸손하게 대처하세요. 자만하거나 오만하게 행동하면 안 돼요. 허풍을 떨면 마음을 얻기 어렵거든요. 청중은 여러분의 적이 아니에요. 중요한 건 청중의 신뢰와 호감을 사는 일이에요.

발표 내용을 어떻게 외울까요?

기억력은 어떤가요? 노벨 문학상도 거뜬할 정도로 끝내주는 발표문을 썼다든가, 뜻한 바를 관철할 수 있을 정도로 물샐틈없는 주장을 마련했다고 가정해 봐요.

자, 발표하는 도중에 잊어버리거나 중언부언하지 않고, 말하고자 하는 내용의 핵심 내용을 재치 있게 모두 기억하려면 어떻게 해야 할까요?

긴장하면 더 쉽게 잊어버린다는 사실을 여기에서 알려 준다고 해도 별반 도움이 되는 얘기는 아닐 거예요. 끈덕지게 들러붙는 긴장에 대처하려면 절대로 잊어버리지 않을 암기 방법을 활용하는 수밖에 없답니다.

최악의 상황에 대비해야 해요!

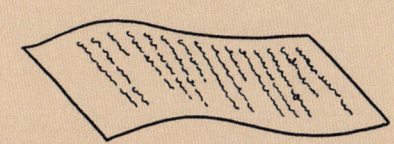

자그마한 쪽지를 활용하는 것은 아주 훌륭한 선택이 될 거예요. 쪽지에 기억을 떠올리게 할 중요 단어를 적어 두거나, 말하고자 하는 내용을 그림으로 그려 둘 수도 있답니다. 피카소가 발표할 때 글로 적는 것에 만족했을까요? 아마 그렇지 않았을 거예요. 인간 뇌의 경이로움에 대해 발표할 예정이라면 뇌 모양을 그려 보세요. 잘 못 그린 장미꽃이나 이상한 강아지 똥처럼 보이더라도 상관없어요. 창의력을 발휘하면 더 쉽게 학습할 수 있을 뿐만 아니라 발표하는 것도 수월해진답니다.

뇌는 어떤 대상을 색깔 혹은 형태와 연결 지을 때 훨씬 더 쉽게 기억하는 경향이 있어요. 숲에 대한 이야기를 한다면, 녹색 쪽지에 키워드를 적어 보세요. 어때요, 재미있지 않나요?!

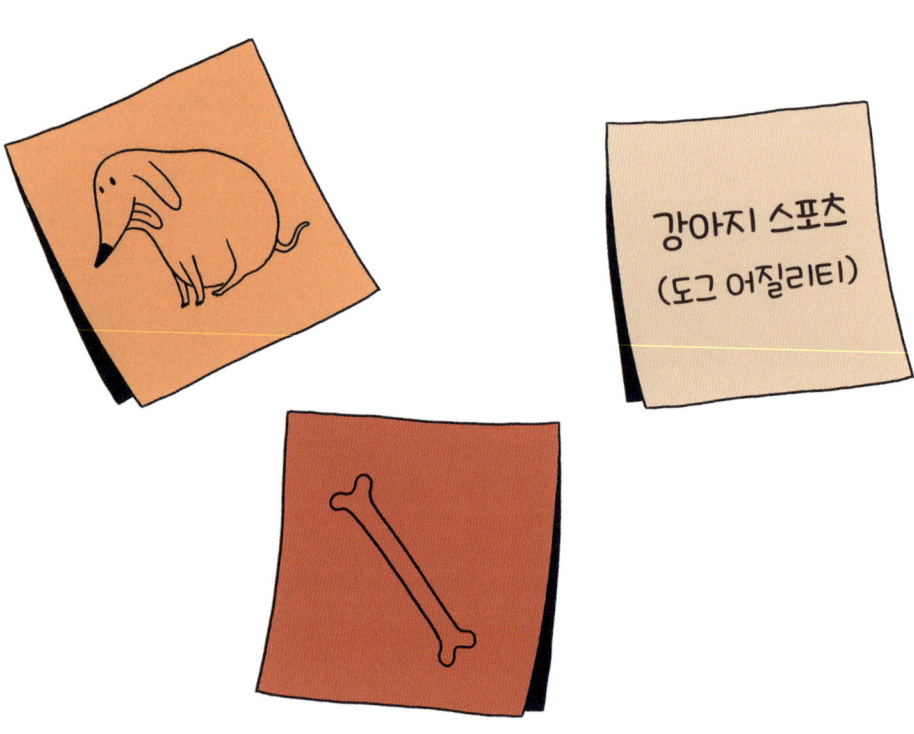

또 다른 아주 유용한 암기 방법은 유머예요. 무언가를 기억할 수 있는 아주 기발한 방법이기도 하거니와 청중이 집중하도록 만드는 효과도 거둘 수 있거든요.

게다가 웃음은 최고의 불안 퇴치제이기도 해요. 혀가 꼬이거나 초조함을 느끼지 않게 해 준답니다!

단, 항상 상황을 염두에 두어야 한다는 점을 명심하세요. 이를테면 제2차 세계 대전에 대해 말하면서 지나칠 정도로 농담을 하는 건 부적절할 수 있으니까요…….

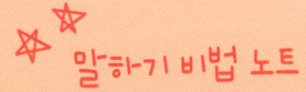

억지로 외우거나 생각하지 않기

말문을 열기 직전 바로 그때가 생과 사를 가르는 결정적인 순간이에요. 복잡하게 생각하지 말고, 설득력이 느껴지는 미소를 짓는 데 집중하세요. '만약에'라는 생각에 사로잡히지 마세요. 정말이지 성가시기 짝이 없는 생각이거든요. 배배 꼬인 이어폰 줄을 푸는 것보다 훨씬요. 마지막 순간에 도입부를 외우려고 하지도 마세요. 기억이 나지 않는 부분에서 말이 꼬이고 끔찍할 정도로 겁을 집어먹게 될 뿐이니까요. 여러분은 발표를 성공적으로 해낼 수 있고, 무슨 말을 하고 싶은지도 잘 알고 있어요. 최후의 순간에 짜내려고 애쓰지 마세요. 딱 한 가지 떠올려도 되는 생각은 바로 이거예요. '이제 시작해 볼까!'

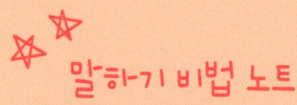

계속해서 연습하기

연습을 과소평가하지 마세요. 충분한 시간을 들여 연습해야 해요. 다시 말해 발표 시작 열두 시간 전부터 연습해서는 안 된다는 거예요. 십이 분 전은 말할 나위도 없고요……. 일주일 전부터 시작하세요. 스스로를 너그럽게 대하며 매일매일 조금씩 연습해 보세요. 기왕이면 저녁에 연습하는 게 좋답니다. 그래야 무궁무진한 기억 창고에 발표 내용이 더 잘 저장되거든요.

거울 앞에 서서 자기 자신을 상대로 크게 소리 내어 발표문을 읽어 보세요. 발표하는 모습을 휴대 전화 영상으로 찍거나, 친구에게 청중이 되어 달라고 부탁해 보세요. 어느 지점에서 어조와 말하는 속도를 바꿀지도 자유롭게 시도해 보면서 말하기 연습을 해 보세요.

평가 두려워하지 않기

여러 사람의 주목을 받을 때, 편안한 마음가짐으로 자신감을 가지고 서서 청중의 이목을 사로잡기란 쉽지 않은 일이지요.

> 다들 내 발표가 지루하다고 생각하면 어쩌지?

침착하세요. 지금은 안절부절못하더라도 자신감 넘치게 말하는 달변가가 될 수 있으니까요. 그리고 청중은 사실 큰 도움을 줄 수도 있어요. 건설적인 비판을 내가 받아들일 준비가 되어 있다면 말이지요.

편히 앉아서 발표 내용을 듣는 청중의 입장과 발표자의 입장은 천지 차이가 있답니다. 그러면 훌륭한 청중이 되려면 어떻게 해야 할까요? 청중은 그저 앉아서 쳐다보기만 하면 되는 걸까요? 당연히 아니에요! 훌륭한 청중이 되는 것도 하나의 기술이랍니다!

청중도 발표의 절반을 책임져요.

휴대 전화를 만지작거리거나 딴청을 부리지 마세요. 그러다가 요주의 명단에 오르는 수가 있답니다! 관심을 가지고 귀를 기울이며 이따금 고개를 끄덕거리면, 청중 앞에 서서 발표를 해야 하는 초조한 발표자에게 큰 힘이 되어 줄 수 있어요.

다른 사람의 의견 받아들이기

뻔한 말처럼 들릴지도 모르겠지만 다른 사람의 의견을 수용하고 건설적인 비판을 받아들이는 건 평생 노력해야 하는 일이에요. 어른도 마찬가지예요. 정말 놀라울 정도로 많은 어른이 비판을 받아들이는 데 어려움을 겪는답니다. 우리는 쉽게 성공해 볼까요? 물론 발표를 끝낸 뒤에 한숨 돌리려는 순간에는 벌벌 떨리고 엄청나게 피곤하겠지요?

땀은 긴장을 떨쳐 내려고 흐르는 거랍니다!

발표 직후 기대했던 것만큼 잘하지 못한 부분에 대해 친구들의 지적을 듣는 일이 쉽지는 않을 거예요. 하지만 열린 마음으로 의견을 수용하는 건 너무나도 중요해요. 수렴한 의견을 다음번 발표에 활용해야 하니까요. 다른 사람의 의견이 우리의 코치인 셈이죠! 바로 그래서 발표를 경청하는 청중은 최고의 친구랍니다.

어쩌면 말해야 할 단어를 빠뜨렸을 수도 있고, 어떤 단어는 연거푸 반복해 말했을지도 모르죠. 스트레스를 받는 상황에서는 작은 행동 하나하나에 일일이 신경을 쓸 수가 없어요. 발표자가 서서 발을 구르거나 머리를 배배 꼰다면, 발표를 듣는 친구들은 그 행동에 대해 뭐라고 생각할까요? 발표 내용에 귀를 기울이는 대신 어디가 가려워서 저러나 하고 생각할지도 모르지요.

청중을 활용하세요.
청중은 여러분이 쓸 수 있는 비장의 무기예요.

발표자에게 의견 주기

싫은 소리를 하지 않으면서도 발표자에게 의견을 주려면 어떻게 해야 할까요?

이렇게 해 보세요.

칭찬 두 가지, 개선점 한 가지 제안하기!

친구의 발표 중 좋았던 점 두 가지를 먼저 얘기한 뒤에, 다음번에는 개선하면 좋을 부분 한 가지를 얘기해 보세요.

효과 만점일 것 같지요? 아니면 칭찬으로 시작한 다음 중간에 건설적인 의견을 주고, 다시 칭찬으로 끝맺음 하는 방법도 있답니다.

샌드위치 형식이지요!

이번에는 가장 흔한 평가이자, 말하기 부문에서는 악명 높은 평가를 살펴볼까 해요. 바로 **"발표 좋았어."** 랍니다.

좋다고만 하는 평가는 별 도움이 되지 않아요.

좋은 의견이란, 말한 내용과 말한 방식에 대해 구체적으로 의견을 주는 것이랍니다. 다시 말해 발표 내용과 몸짓 언어에서 효과적으로 전달된 것이 무엇인지, 재미있고 흥미를 자극한 내용은 무엇인지 말해 주는 거예요. "발표 내용이 아주 흥미롭던데. 너 정말 열심히 설명하던걸."이라거나 "끝맺는 부분이 좋았는데 좀 빨리 넘어가서 그런지 다 따라잡지는 못했어."라는 의견이 100배는 더 유용하답니다.

지루한 평가와는 거리를 두세요!

도움말!

친구의 발표에 의견을 주는 일이 나에게도 도움이 될 수 있어요. 친구가 보완해야 할 부분이 어쩌면 나 자신도 짚어 봐야 할 부분일 수 있고요. 다른 사람의 발표를 꼼꼼하게 관찰하면 스스로도 어마어마하게 많은 것을 배울 수 있답니다. 멋지지 않나요?

도움말 하나 더!

실전에 나서기에 앞서 다른 사람들과 연습해 보는 똑똑한 전략을 구사해 보면 어떨까요? 발표에 대한 의견을 되도록 많이 받아서 실제 발표에서는 두려움을 떨쳐 내는 거예요!

☆ 말하기 비법 노트
청중의 참여 유도하기

사람들이 즉각적으로 주는 의견을 얕보지 마세요. 청중과 이야기를 나누고 질문을 던져 보세요. 즉각적인 대답이 필요하지 않은 질문 혹은 질문 자체가 답이 되는 질문을 던지는 거예요. '우리'라는 표현을 사용해 청중이 발표의 일부가 된 것처럼 느끼게 만들어 보세요. 발표에 참여하고 있다는 느낌을 받을수록 청중은 더욱 귀를 기울이게 되는 법이랍니다. 일상 대화에서도 마찬가지예요. 나와 마주하고 있는 상대를 대화에 끌어들일수록 상대방이 더욱 흥미를 느끼고 이야기에 귀를 기울일 가능성이 커진답니다. 공감대가 만들어지는 거예요.

☆ 말하기 비법 노트
자신감 넘치는 자세 취하기

자신감 있는 자세를 취하는 것만으로도 자신감을 느낄 수 있어요. 이러한 감각은 신체를 통해 즉각적으로 퍼져 나간답니다. 청중이 보기에 내가 편안해 보인다면, 내가 하는 말에 청중은 흥미를 느낄 거예요. 발표를 시작하기에 앞서, 불안감이 느껴진다면 팔을 쭉 뻗고 가벼운 몸풀기 동작을 해 보세요. 의자에 앉아 널찍하게 공간을 차지하고 몸을 뒤로 기대 보기도 하고요! 심호흡을 깊이 하면 더 오래 말할 수 있을 뿐만 아니라 마음을 차분하게 가라앉히는 데에도 도움이 된답니다.

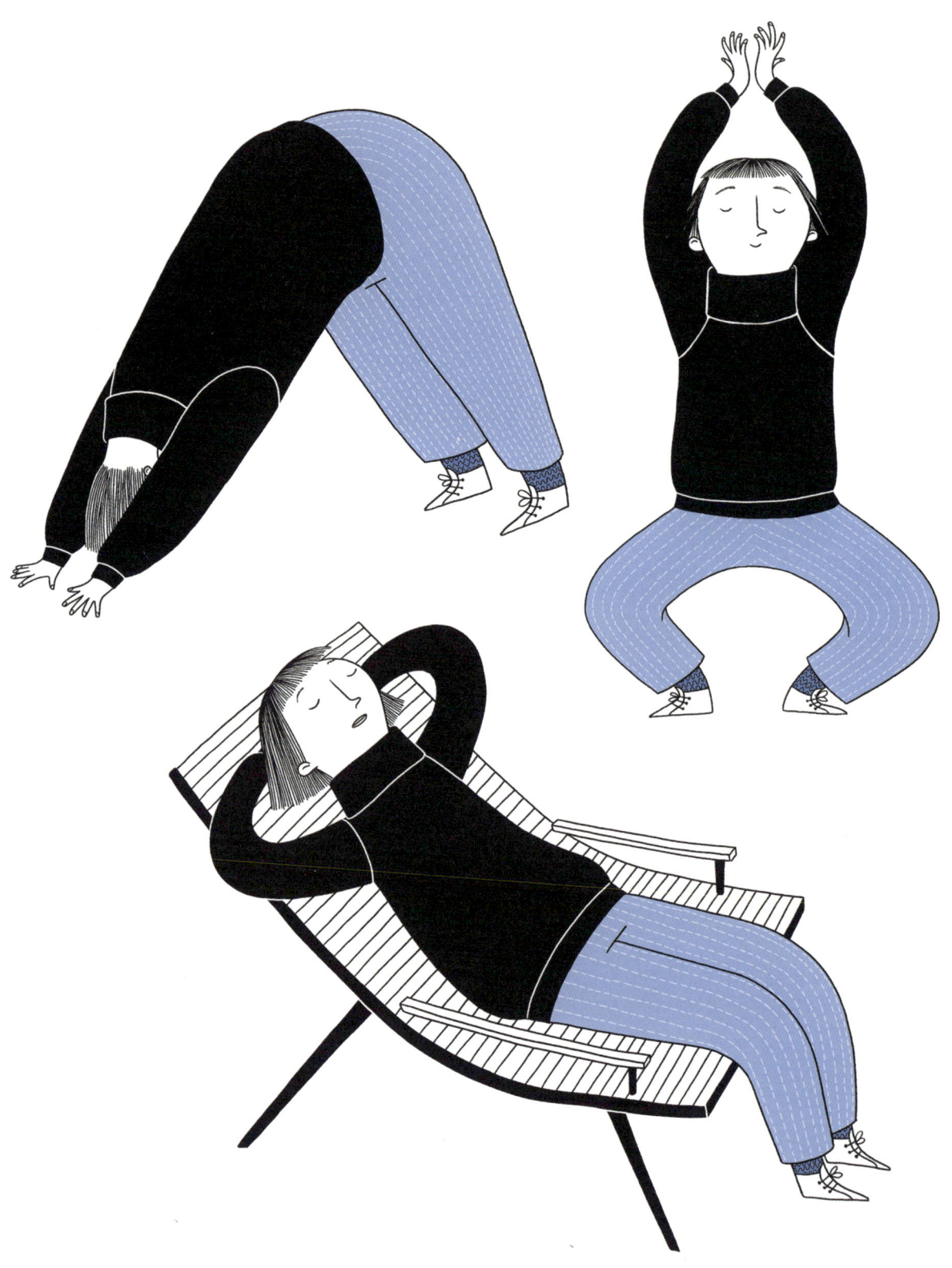

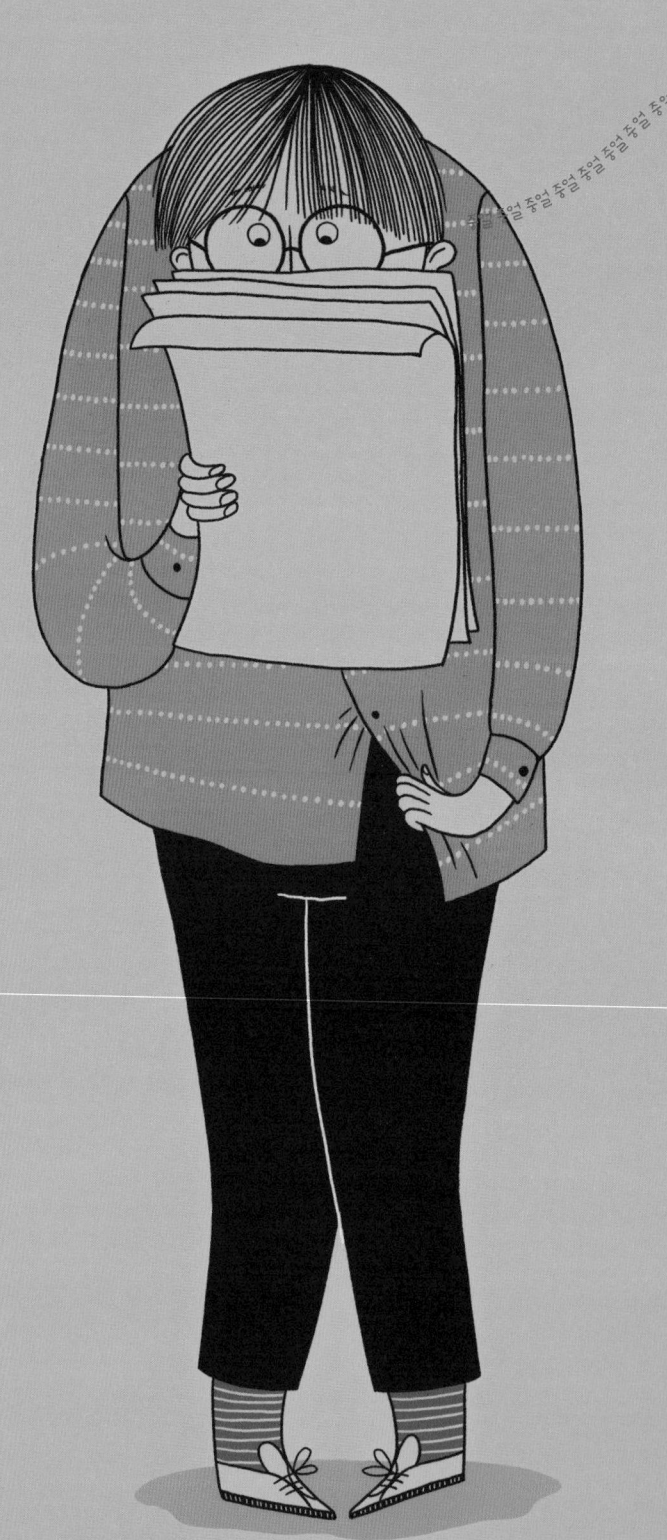

몸짓 언어 이해하기

입이 쉴 틈 없이 말을 하고 있는 상황에서, 몸은 어떤 말을 할까요? 초조하게 덜덜 떨리는 발끝과 머리를 쭈뼛하게 만드는 긴장감은 어떻게 해야 할까요?

의식하든 의식하지 못하든 우리 몸은 시종일관 떠들고 있답니다. 내 의지와 관계없이 몸이, 손이, 표정이 어떤 말을 하고 있는지 의식하는 일이 거의 없다는 사실을 안다면 정말로 깜짝 놀라고 말 거예요. 오싹하지 않나요? 하지만 표정과 몸짓 언어를 통제할 수 있다면 어떨까요? 단어 천 개보다 더 많은 말을 하는 언어를 길들일 수 있다면 어떨 것 같나요?

말하는 내용에 신체 언어를 더해 보세요!

친구들의 표정과 태도만 봐도 어떻게 생각하는지, 무슨 생각을 하고 있는지 알기에 충분해요. 이를테면 급식실에 앉아 있는 친구가 잔뜩 찡그린 표정을 짓고 있다면, 오늘 식사가 썩 맛있지 않다는 사실을 알 수 있듯이 말이에요.

이번에는 몸에서 가장 수다스러운 부위, 아마도 그 어떤 부위보다도 가장 말이 많은 곳을 살펴볼까요? 그것은 바로 **눈**이랍니다.

　동공의 크기는 우리가 의식적으로 통제할 수 없는 부분이에요. 동공이 작아졌다는 건, 그 사람이 **초조해하고 있음**을 나타내는 신호이기도 해요. 손만 덜덜 떨리는 게 아니라, 눈도 여러분이 어떤 상태인지를 드러낼 수 있다는 거예요.

　다만 동공 크기의 변화는 아주아주 작아서 쉽게 알아챌 수는 없답니다.

그렇다면 우리가 의식적으로 통제할 수 있는 부위도 살펴보도록 할까요? 바로 **눈 맞춤**이에요!

눈 맞춤은 주목받고 있다는 걸 나타내는 증거이기도 해요. 다시 말해 누군가가 여러분을 뚫어져라 보고 있다는 뜻이지요.

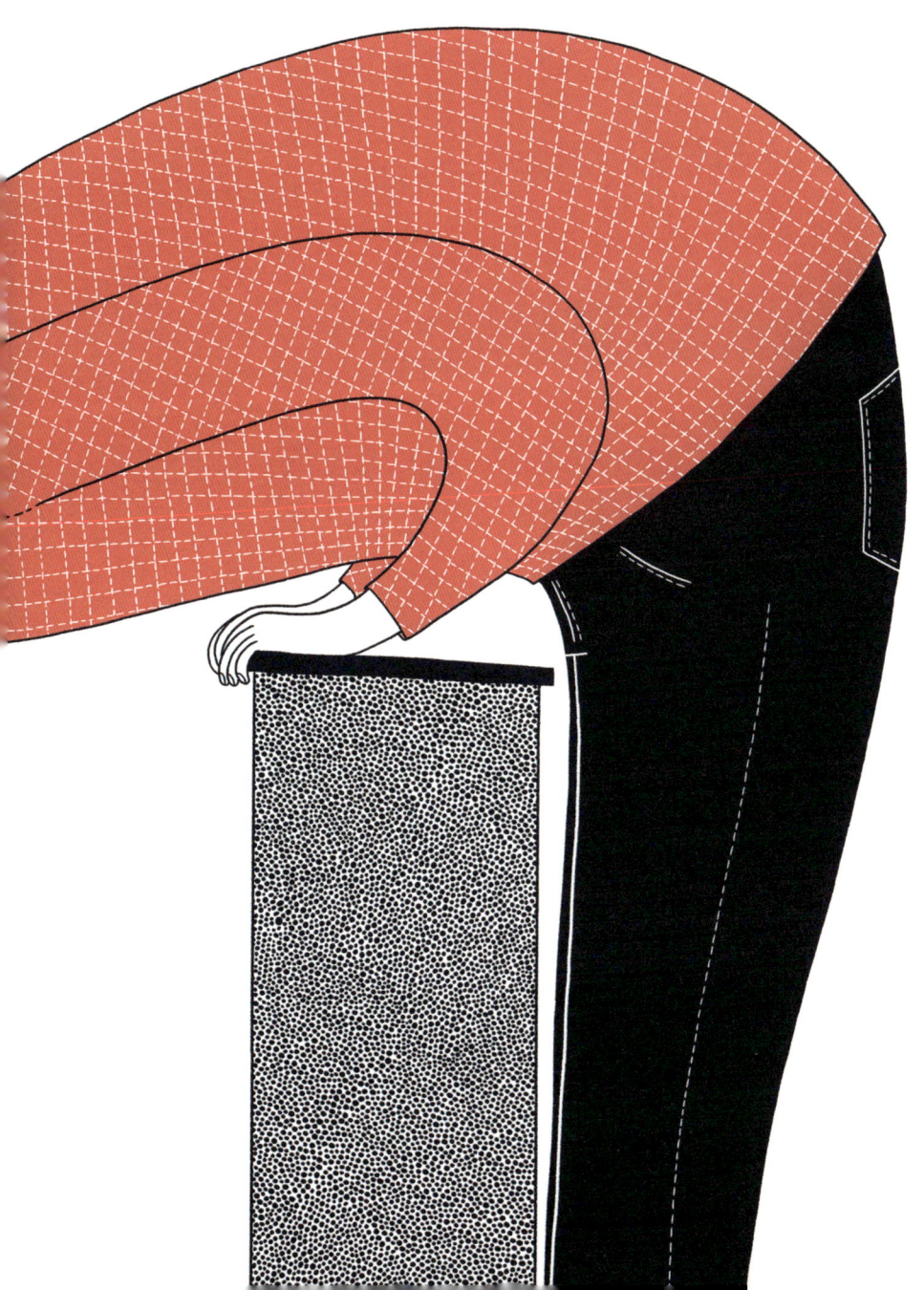

다른 사람들이 우리를 빤히 쳐다보고 있으면 다소 불편한 느낌을 받을 수 있어요. 친구들과 함께 앉아 점심을 먹고 있는데 갑자기 그중 한 명이 나를 응시하기 시작한다면, 곧장 몸을 돌리고는 이 사이에 고춧가루가 끼지 않았는지 살펴보게 되지요. 길 건너편에서 누군가가 나를 뚫어져라 쳐다본다면 기분이 다소 언짢을 거예요. 개똥을 밟았거나 옷에 뭔가 묻었는지 신경 쓰이기 마련이지요.

곰곰이 생각해 보면 우리는 시종일관 눈을 사용하고 있어요. 누군가와 관계를 맺기 위해서 말이에요.

안녕, 내 쪽으로 와!

혹은 순전히 누군가를 내쫓기 위해서도요.

저리 꺼져!

하지만 수많은 군중을 앞에 두고 말하든 혹은 절친을 앞에 두고 말하든, 의식적으로 눈 맞춤을 통제해야 한답니다. 땅바닥을 내려다보고 있다면 자신감이 없어 보이기 마련이에요. 반면 자신감 넘치는 눈 맞춤을 통해 청중을 이야기 속으로 끌어당기고 관심을 사로잡을 수 있답니다!

그런데 몸짓이나 자세는 어떻게 해야 하지요?

몸짓 언어는 계속 보고 있기 버거울 정도로 말이 정말 많답니다! 이를테면 손으로는 어떤 얘기를 전달할 수 있을까요? 여러분은 입을 열기 무섭게 두 손도 바삐 움직이는 사람인가요?

잘하고 있군요!
몸짓 언어는 정말이지 훌륭한 말하기 기법이거든요.

커다란 공에 대한 이야기를 할 때, 몸을 움직여서 공이 얼마나 큰지 손쉽게 강조할 수 있답니다.

손으로 공을 묘사한다면 크고 둥근 공을 더 명확하게 설명할 수 있지요. 그런데 말하는 도중에 두 손을 양옆에 가지런히 두기만 한다면,

얼마나 어색할지 생각해 보세요…….

작은 것이 큰 차이를 만들어 내요.

손은 다양한 신호를 보낼 수 있어요. 반려견에게 손가락을 내젓고 있는 보호자를 본다면, 그 개가 말을 잘 듣지 않았으며 곧 행동 교정을 받게 될 것임을 즉각 추측할 수 있어요. 조금 있다가 친구를 만난다면 아마도 손을 흔들겠지요? 손은 잠시도 가만히 있지 않아요!

그렇다면 몸은 어떨까요?

나의 태도와 앉아 있는 자세는 뭐라고 말을 할까요? 의자에 깊이 앉아 몸을 뒤로 누이고 있다면, 팔로 무릎을 감싸고 의자에 쪼그려 앉아 있는 것보다 분명 훨씬 자신감이 넘쳐 보일 거예요.

얼마나 너른 공간을 차지하고 있는지는 내가 초조해하는지 혹은 편안함을 느끼는지를 짐작할 수 있는 실마리랍니다. 몸은 내 허가를 구하지 않고 행동한답니다. 통제권을 되찾아 오도록 하세요! 어마어마하게 초조함을 느낄 때, 확고한 걸음으로 이러한 기분에 맞서고 되도록 확신에 넘치는 것처럼 행동하세요. 이렇게 행동함으로써 실제로 확신을 느끼고 있다고 스스로를 속일 수도 있답니다.

기억하세요.
자신감 넘치는 자세를 취하세요.
자리를 넓게 잡고 자신감을 표출하세요.

우리 몸은 대체 왜 그렇게 끊임없이 말을 하려고 드는 걸까요?

보통은 내가 하는 말을 보강하려고 그러는 거랍니다. 쉽게 말하자면 내가 말하는 내용이 몸에 투영된다고 할 수 있지요.

이따금 말로 하는 것보다 몸으로 표현하는 게 더 나은 경우도 있답니다. 엄청난 슬픔에 빠져 있는 사람을 상상해 보세요. 자신의 슬픔을 정확하게 표현할 수 있는 단어를 찾는 데 어려움을 겪을 수도 있어요.

반면, 눈에 차오르는 눈물은 천 개의 단어보다도 훨씬 더 많은 말을 전할 수 있지요.

게다가 몸은 거짓말을 잘하지 못한답니다. 그래서 이따금 몸짓 언어와 입으로 하는 말 사이에 불일치가 발생하기도 해요. 거짓말을 할 때, 몸이 말하는 내용에 맞추어 행동하기 어려워하는 거예요. 그러니까 우리 자신도 모르는 새에 시종일관 수많은 말을 하고 있는 몸짓이나 손짓, 표정을 살펴봐서 나쁠 일은 없겠지요.

말하기 비법 노트

등 꼿꼿하게 세우기

주머니에 양손을 꽂아 넣고 있는 것은 물론, 등을 구부리거나 시선을 내리깔고 있는 건 전혀 도움이 되지 않아요. 기억하세요. 자기 자신을 믿을 것! 등을 꼿꼿하게 세우고 서서 고개를 약간 쳐들어 보세요. 청중 앞에 서서, 불안해하지 않고 자신감 있게 말할 것임을 드러내 보이세요. 사실 마음속으로는 잔뜩 겁에 질려 죽을 것 같더라도 말이에요.

말하기 비법 노트
쉬어 가며 말하기

발표를 최대한 빨리 마치기 위해 황급하게 서두르지 마세요. 발표는 전력 질주하기가 아니니까요. 속도를 늦춰 보세요. 무엇보다도, 쉬어 가며 말하세요. 가만히 멈추고 곰곰이 생각하고 있다는 신호를 몸으로 드러내어 보세요. 쉬어 가며 말하면 청중은 지금까지 내가 말한 내용을 따라잡고 찬찬히 숙고할 기회를 얻을 수 있답니다. 게다가 내가 말한 내용을 강조하는 효과도 얻을 수 있어요. 방금 말한 내용이 아주 중요하다는 것을 표시할 수 있지요! 방금 말한 내용을 청중이 특히 중요하게 받아들이길 원한다면, 잠깐 쉬어 가며 말하는 것이 가장 좋은 방법이랍니다.

나도 이제
발표 왕!

자, 지금까지 훌륭하게 잘 따라왔지만 연습을 더 한다고 해서 나쁠 건 없겠지요. 지금까지 여러분은 철벽처럼 튼튼한 암기술과 위대한 묘술로 불안함을 길들이는 방법을 배웠어요. 이제는 말하기에 필요하다고 여겨지는 모든 것들에 대해서도 물론 알고 있고요.

여전히 다른 사람들 앞에서 말하는 게 식은 죽 먹기처럼 간단하게 느껴지지 않더라도 걱정하지 마세요. 설득의 기술과 현란한 말솜씨는 완전히 숙달하려면 약간의 연습이 필요하거든요.

이제 여러분의 머릿속엔 중요한 말하기 순간에 언제든 꺼내어 사용할 수 있는 수많은 도움말과 묘술이 들어 있어요. 어쩌면 아래와 같은 것들을 해낼 수 있다고 느낄지도 모르겠네요.

- 새롭게 다진 자신감을 가지고 사람들 앞에서 말하기
- 물샐틈없는 확고함으로 부탁하기
- 비밀 요원급 전략에 따라 질문 던지기
- 다음번 발표라는 괴물을 흘겨보며 길들이기
- 아리스토텔레스가 뿌듯함을 느끼게 만들기

쉿, 말하기 비법 노트 요약

목소리를 높여 말하는 상황을 마치 죽을 것 같은 경험처럼 느낄 필요는 없어요. 털끝 하나 다치지 않고도 살아남을 수 있으니까요. 심지어 발표를 즐길 수도 있고요.

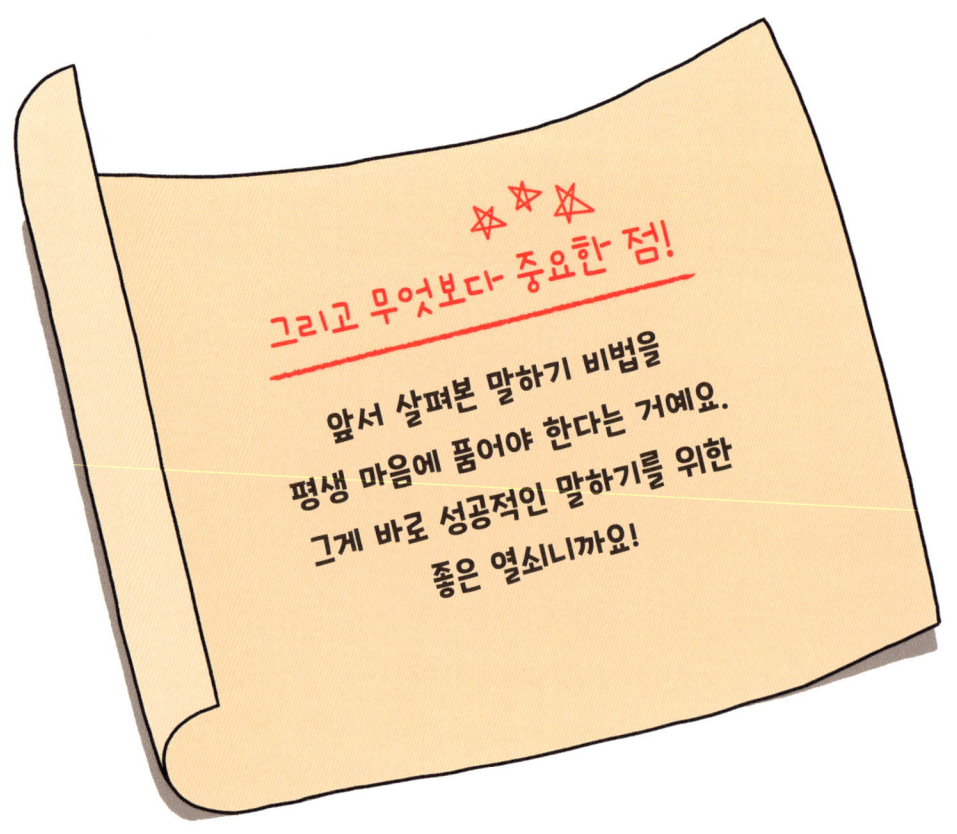

다시 살펴보는 말하기 비법 노트

✓ **상황에 맞추기 :** 가장 중요한 질문을 떠올려 보세요! 이를테면 어떤 사람들 앞에 서서 말을 할 건가요? 이런 측면에서 리시아스는 정말 뛰어난 사람이었지요. 무엇을, 왜, 누구 앞에서 이야기할 것이며, 어떤 역할을 할지에 대한 질문을 떠올리며 말하고자 하는 내용을 상황에 맞게 구성해 보세요.

✓ **발표 대본 꼼꼼히 준비하기 :** 표현을 신중하게 고르고 똑 부러지는 문장을 구성하는 데 시간을 충분히 들이세요. 발표 대본이 매끄러울수록 발표에 성공할 확률이 높아지거든요. 자랑스럽게 내세울 수 있도록 대본을 꼼꼼하게 쓰세요. 꼼꼼한 대본은 발표 불안을 물리칠 수 있는 특효약이기도 하니까요.

✓ **무대 장악하기 :** 여러분 자신을 믿으세요. 그러면 남들도 여러분을 믿을 거예요. 전문적인 발표자라면 청중의 주목을 즐길 수 있답니다. 그러니 기꺼이 무대를 장악해 보세요. 자신감을 긁어모아 에토스를 만들어 보세요. 자리를 잡고 스스로의 능력을 믿으세요. 단, 겸손하게 처신해야 한답니다. 청중은 여러분의 적이 아니니까요.

✓ **억지로 외우거나 생각하지 않기 :** 말문을 열기 직전 바로 그때가 바로 생과 사를 가르는 결정적인 순간이에요. 딱 한 가지 떠올려도 되는 생각은 바로 '이제 시작해 볼까!'랍니다.

✓ **계속해서 연습하기 :** 넉넉하게 시간 여유를 두고 연습을 시작하세요. 스스로를 너그럽게 대하며 매일매일 조금씩 연습해 보세요. 기왕이면 저녁 시간에요. 거울 앞에 서서 망설이지 말고 여러분 자신을 상대로 큰 목소리로 대본을 읽어 보세요. 자유롭게 시도해 보면서 말해 보세요!

✓ **청중의 참여 유도하기 :** 청중과 이야기를 나누면서 질문을 던져 보세요. 이야기를 듣고 있는 청중을 참여시키면 청중이 흥미를 느끼며 귀 기울여 들을 가능성이 더 크거든요. 공감대가 만들어지는 거예요!

✓ **자신감 넘치는 자세 취하기 :** 몸을 쭉 늘이고 팔을 뻗어 보세요. 최대한 많은 공간을 차지하고 몸을 뒤로 뉘여 보세요! 자신감이 즉각 온몸으로 퍼져 나갈 거예요.

✓ **등 꼿꼿하게 세우기 :** 등을 꼿꼿하게 세우고 고개를 약간 쳐든 자세로 교실 앞에 당당하게 서세요. 여러분은 겁을 먹지 않았으며 확신에 차 있음을 청중에게 보여 주세요. 실제로는 속으로 겁이 나서 죽을 것 같더라도 말이에요.

✓ **쉬어 가며 말하기 :** 서두르지 마세요. 속도를 늦추고, 무엇보다도 쉬어 가며 말하세요. 이렇게 하면 청중은 여러분이 말한 내용을 따라잡고 곰곰이 생각해 볼 기회를 얻을 수 있거든요. 천천히 쉬어 가며 이야기하면 여러분이 말하고자 하는 내용을 강조하는 효과도 얻을 수 있답니다.

어쩌면 가장 꼭꼭 숨겨진 말하기 비법은……
거의 모든 사람이 재미를 느끼는 걸 중요시한다는 거예요.
부끄러워하지 말고, 끼를 부려 보세요. 말의 속도를 조절하고,
두 팔을 내젓고, 다양한 목소리를 내면서 자유롭게 말해 보세요!

발표를 즐기세요!

성공적인 말하기를 위한 열쇳말

비교법   어구 반복

비유   우화   쉬어 가며 말하기

질문하기   로고스

말하기 기술   파토스
에토스

건설적인 비판과 의견 받기

칭찬 두 가지, 개선점 한 가지

자신감 넘치는 자세 취하기

멋지고 자신 있게
말 잘하는 법

1판 1쇄 발행일 2023년 4월 10일
글 엘리너 레저 그림 미아 닐손 옮김 김아영
펴낸곳 (주)도서출판 북멘토 펴낸이 김태완
편집주간 이은아 편집 김경란, 조정우 디자인 키꼬, 안상준 마케팅 이상헌, 민지원, 염승연
출판등록 제6-800호(2006. 6. 13.)
주소 03990 서울시 마포구 월드컵북로6길 69(연남동 567-11) IK빌딩 3층
전화 02-332-4885 팩스 02-6021-4885

🔺 bookmentorbooks.co.kr   ✉ bookmentorbooks@hanmail.net
f bookmentorbooks__   📷 bookmentorbooks

ISBN 978-89-6319-508-7 73190

※ 잘못된 책은 바꾸어 드립니다.
※ 이 책은 저작권법에 따라 보호를 받는 저작물이므로 무단 전재와 무단 복제를 금합니다.
※ 이 책의 전부 또는 일부를 쓰려면 반드시 저작권자와 출판사의 허락을 받아야 합니다.
※ 책값은 뒤표지에 있습니다.

인증 유형 공급자 적합성 확인 **제조국명** 대한민국 **사용 연령** 8세 이상
KC마크는 이 제품이 공통안전기준에 적합하였음을 의미합니다.
종이에 베이거나 책 모서리에 다치지 않도록 주의하세요.

성공했군요!

재미있을 거예요!

즐겨 봐요!

무대를 장악해 보세요!

끼를 부려요!

술술 말하세요!

성공했군요!

재미있을 거예요!

즐겨 보요!

무대를 장악해 보세요!

끼를 부려요!

술술 말하세요!